73338

LES ÉTOILES DU CHANT

PAR

GUY DE CHARNACÉ

Première Livraison.

ADELINA PATTI

PARIS
HENRI PLON, IMPRIMEUR-ÉDITEUR
RUE GARANCIÈRE, 10

LONDRES	MADRID
CASSELL, PETTER et GALPIN	CARLOS BAILLY-BAILLIERE
VIENNE	SAINT-PÉTERSBOURG
CHARLES GÉROLD Fils	ÉMILE MELLIER
ÉDITEUR	LIBRAIRE DE LA COUR

1868

Tous droits réservés.

Gravé par Morse

Henri Plon, Editeur

ADELINA PATTI.

E N regard de cette ravissante image d'un burin si gracieux et si délicat, il eût fallu un sonnet finement ciselé. Une gravure de Morse, un sonnet de Banville, et c'était assez. Alors, pour la millième fois, ce nom prestigieux, Patti! Patti! fût sorti des lèvres d'une foule idolâtre; et les bravos eussent accompagné la *diva* dans l'immortalité; et l'enthousiasme spontané des deux mondes eût trouvé dans cette poésie illustrée l'expression qui lui convenait le mieux.

La foule ne réfléchit pas; elle acclame ou passe indifférente; mais la critique, la froide critique agit autrement. Elle veut analyser les causes et les effets, distinguer le vrai du faux, l'enthousiasme passager de la gloire durable. Argile ou marbre? demande-t-elle à l'idole. Elle veut enfin montrer à la génération qui vient ce qui doit rester de la génération qui s'en va. En un mot, elle veut être un enseignement.

Au lieu d'un poëte, le lecteur ne trouvera donc ici qu'un critique, non pas un critique pédant, mais un observateur consciencieux, un narrateur fidèle de six années d'ovations faites à mademoiselle Patti dans cette salle Ventadour dont elle est la déesse et dont M. Bagier est le grand prêtre.

I

Dire en quel lieu, dans quelles circonstances et de quels parents naquit Adelina Patti, le 19 février 1843, dire où et comment elle passa son enfance, ce sera déjà montrer le présent et l'avenir de la sœur cadette des Sontag et des Persiani.

Quatrième enfant d'un père italien et d'une mère espagnole, tous deux chanteurs dramatiques, Adelina naquit en pleine mêlée de ce grand combat de la vie, si rude pour les artistes. Sa mère, qui jouissait en Italie d'une grande réputation sous le nom de Barilli (1), perdit entièrement la voix après la naissance de ce dernier enfant. Elle avait eu auparavant Amelia, aujourd'hui la femme de M. Maurice Strakosch, que nous allons trouver directeur

---

(1) Madame Barilli avait épousé en premières noces le fils de la fameuse Barilli, si célèbre, sous le premier Empire, en Italie comme en France. — Au dire de Stendhal, aucune cantatrice ne chantait aussi bien qu'elle

*Voi che sapete
Che cosa è amore*,

du *Figaro* de Mozart. Stendhal, voulant donner à l'un de ses amis une idée du plaisir que lui causait le chant d'une des Monbelli, écrivait de Venise, en 1814 : « Figurez-vous la pauvre madame Barilli avec une voix encore plus belle et toute la chaleur désirable. Je crois que les Monbelli ne chantent que le sérieux; madame Barilli aurait donc toujours gardé sur elles l'avantage de chanter si divinement la *Fanciulla svinturata* des *Ennemis généreux*, la comtesse Almaviva du *Figaro*, donna Anna de *Don Juan*, etc. »

du théâtre italien de New-York ; Carlotta, chanteuse de concerts, célèbre aujourd'hui dans le monde entier ; et enfin Carlo, qui entra dans la carrière des armes.

« Adelina m'a tout pris », disait madame Patti le jour où, sans voix, elle se vit forcée de quitter le théâtre. Ce malheur, ajouté à des pertes d'argent considérables, engagea cette famille si éprouvée à partir pour l'Amérique, dans l'espoir d'y rencontrer la fortune. Cet espoir ne fut pas déçu, comme l'on sait.

Le premier artisan de la nouvelle fortune des Patti fut M. Strakosch, qui ne tarda pas à épouser mademoiselle Amelia. Excellent musicien, doué d'une grande finesse de perception, le beau-frère d'Adelina reconnut tout de suite chez cette enfant une organisation musicale exceptionnelle. En effet, dès l'âge de cinq ans, Adelina montrait une irrésistible vocation pour la scène, vocation qui devait chaque soir se développer davantage au contact des artistes et à l'audition des chefs-d'œuvre du répertoire italien, interprété alors par Jenny Lind, par Mario, par Grisi, par l'Alboni.

M. Théodore de Grave raconte, dans une notice biographique sur mademoiselle Patti, le trait suivant :

« Un soir, après avoir assisté à une représentation de *Norma*, pendant laquelle les artistes avaient été acclamés et couverts de fleurs, Adelina, rentrée chez ses parents, profita du moment où ceux-ci se trouvaient réunis au souper de famille, pour se glisser silencieusement dans la chambre de sa mère. Une fois là, et se croyant à l'abri de toute indiscrétion, l'enfant, elle avait six ans à peine, s'affuble tant bien que mal d'un drap de lit, se coiffe d'une couronne, souvenir de quelque soirée de triomphe de sa mère, et, gravement posée en face d'une glace, elle entonne l'air d'entrée de *Norma* avec toute l'importance d'une débutante qui s'attend à charmer l'assemblée. Quand elle eut fini son air, simulant alors elle-même son auditoire, elle s'applaudit à outrance, enleva la couronne de son front et se la jeta à elle-même pour avoir l'occasion d'essayer, en la ramassant, le plus gracieux salut que jamais artiste rappelée ait dédié à son public. Et, reculant en saluant et saluant en reculant, elle arriva ainsi jusqu'à la porte de la chambre, où sa mère, se doutant sans doute de quelque chose d'extraordinaire, l'avait suivie en cachette et avait pu observer tous les détails de la scène. »

On le voit, l'enfant était née pour les ovations de la foule; les bravos et les couronnes furent l'objet de ses premiers rêves. N'était-ce pas là l'augure certain de grands succès futurs?

Les circonstances exigeaient qu'on profitât sans retard des dispositions surprenantes d'Adelina, et M. Strakosch, avec un tact infini, avec des précautions que l'affection seule pouvait lui dicter, se voua tout entier au développement et à l'éducation de ce jeune talent. Lorsqu'on songe à la fragilité de la voix chez un chanteur, on a peine à concevoir comment des études commencées si tôt n'ont pas terni cet organe merveilleux qui, en se transformant, n'a rien perdu de son éclat des premiers jours. Lorsqu'on rencontre tant de voix brisées avant l'âge, le plus souvent par la faute des professeurs, on ne saurait vraiment trop rendre justice au talent et à la méthode du musicien slave. Mais ce n'est pas là le seul service que cet excellent maître à chanter aura rendu à sa belle-sœur. Nous le verrons plus tard remplir une tâche non moins délicate, non moins difficile, avec un rare bonheur.

A peine avait-elle appris les premiers éléments du chant, qu'il fallut songer à en tirer profit. Donc, un beau soir, on exhiba devant le public de New-York le petit prodige, dont chacun s'entretenait déjà. Adelina, âgée seulement de sept ans, parut dans un concert, où on la fêta de mille façons. Elle était si petite, qu'on la plaça sur une table afin qu'elle pût être aperçue de toute la salle.

Le caractère volontaire et fantasque de la femme d'aujourd'hui se révélait déjà à cette époque. Ce soir-là même, date de son entrée dans la carrière artistique, la capricieuse *bambina* ne voulut point paraître sur l'estrade sans sa poupée; et je n'oserais pas affirmer, tant je connais le public en général, que cette singulière fantaisie n'ait encore ajouté au succès de la jeune virtuose.

Confiant désormais dans l'avenir de son élève, M. Strakosch entreprit avec elle une tournée dans les principales villes des États-Unis d'Amérique. Au milieu d'un enthousiasme chaque jour grandissant, la petite Patti visita successivement Boston, Philadelphie, Washington, la Nouvelle-Orléans, Charlestown et d'autres villes encore; puis elle partit pour la Havane, où elle fit fureur.

Chaque nouvelle étape devenant pour sa famille la source de nouvelles richesses, il fallait poursuivre ce voyage au mépris des plus grands dangers. C'est ainsi qu'elle parcourut les bords redoutables du golfe mexicain, l'île de Cuba, l'archipel des Antilles et les rivages du Pacifique.

A Santiago, un tremblement de terre, funeste avant-coureur d'une horrible catastrophe, vint interrompre un concert donné par Adelina. Deux jours après, cette ville n'était plus qu'un monceau de ruines. Le lendemain, nos voyageurs essuyaient une affreuse tempête en se rendant à Cuba. Dans ces différentes circonstances, l'enfant de neuf ans fit preuve d'un courage que rien n'abattait. La confiance dans son étoile, jointe à l'insouciance du premier âge, la soutenait. A cheval, à mulet, elle bravait tous les obstacles, tous les périls de ces sauvages et lointaines contrées, dont elle conquérait successivement les habitants. M. de Grave raconte qu'à Porto-Rico, Adelina passait, près d'une population ignorante, pour une personne surnaturelle, et qu'on l'y avait surnommée la petite sorcière.

Cette tournée n'avait pas duré moins de deux ans, pendant lesquels l'enfant prodige avait donné trois cents concerts!

II

Ici commence une nouvelle phase de la vie d'Adelina. Les fruits du printemps étaient récoltés, et l'on songea à préparer ceux de l'été. M. Strakosch entreprit alors l'éducation qui devait conduire son élève au théâtre. Renonçant pour elle à toute exhibition publique, il passa trois années à l'étude du répertoire italien, auquel Adelina semblait prédestinée par la nature même de ses moyens autant que par sa naissance. Et tandis qu'elle apprenait sur les genoux de sa mère la langue sonore de Cervantes, son père lui enseignait à lire les stances harmonieuses de Dante et du Tasse. Elle a d'ailleurs une aptitude telle pour les langues, qu'elle les apprend sans aucune peine au bout d'un très-court séjour dans les pays qu'elle traverse en chantant. Aujourd'hui mademoiselle Patti parle presque sans accent l'italien, l'espagnol, l'anglais, le français et l'allemand. Mais c'est encore chez elle un don naturel, car elle ne passe pas pour être plus cultivée qu'une chanteuse ordinaire.

Pour quiconque connaît son esprit volontaire et versatile, il est facile de comprendre de quelle patience le maître dut s'armer pendant les trois années durant lesquelles il lui apprit dix-neuf opéras, sans compter les exercices préparatoires et la vocalisation, que l'élève indisciplinée devait cependant subir.

C'est ici le lieu de dire comment M. Strakosch s'y prenait et s'y prend encore pour amener Adelina au piano; car les caprices de l'enfant, pour avoir changé d'objet, n'en sont pas moins impérieux que jadis. Jamais, me racontait-il dernièrement, je ne demande à Adelina si elle veut prendre une leçon, dans la crainte de heurter sa volonté du moment. Je me mets au piano et je commence à jouer l'opéra qu'il faut apprendre. Au bout d'un temps plus ou moins long la porte de la chambre d'Adelina s'ouvre, et je la vois s'approcher, fredonnant le morceau que je viens de jouer. Sa mémoire est telle, qu'il lui suffit d'entendre un air trois ou quatre fois pour le savoir. Le travail commencé continue ainsi pendant l'étude de la partition.

Peu d'hommes sont doués d'autant d'habileté, d'autant de patience, d'autant de tact, d'autant de volonté que M. Strakosch. Depuis l'heure où il a rencontré la famille Patti, il a poursuivi son but avec une constance que rien n'a lassée, consacrant toute sa vie à l'accomplissement de l'œuvre, bientôt achevée. La nature avait doué l'enfant de dons précieux; mais qui peut dire ce qu'ils seraient devenus sans la main habile qui les cultive? Le peu de goût que montre pour l'étude la pensionnaire de M. Bagier ne fait-il pas entrevoir le risque qu'ils couraient?

Cher Monsieur,

Vous me demandez l'autorisation de publier mon portrait, gravé par Monsieur Morse, dont j'apprécie le talent charmant, dans votre livre "Les Étoiles du Chant", qui doit aussi contenir ma biographie.

Sachant bien que vous ferez là un acte de pénitence, et ne voulant pas nuire au salut de votre âme, je suis heureuse de vous donner l'autorisation que vous désirez.

Recevez, je vous prie, Monsieur l'assurance de mes sentiments les plus distingués.

Adelina Patti

Paris 1er Mai 1868.

Toutefois, et pour apprécier les choses sous toutes leurs faces, on ne peut se dissimuler qu'il y a danger pour l'artiste à se laisser si entièrement absorber et dominer par le professeur, si distingué qu'on le suppose. L'arrière-petite-fille de la Barilli n'a eu que la peine de se laisser vivre, guidée, soufflée, instruite par son maître. Jamais un jour elle n'a dû se préoccuper du lendemain, jamais elle n'a dû lutter contre aucun obstacle, son beau-frère lui préparant les voies en toutes choses. On conçoit, dès lors, combien la personnalité de l'enfant s'est effacée, combien tout élan devient impossible, comment toute initiative se trouve annihilée.

J'ajouterai tout de suite qu'afin de ne pas la fatiguer, M. Strakosch, qui fait pour elle ses engagements avec les directeurs de théâtre, en un mot toutes ses affaires, petites et grandes, en est arrivé jusqu'à répéter à sa place les opéras à la scène. Les initiés ont pu le voir souvent, transformé en Rosine, en Lucie, en *sonnambula*, donner la réplique et chanter un duo d'amour. C'est à grand'peine que la *diva* consent à répéter une fois à la scène un ouvrage. Cependant on l'a vue, dans une ou deux circonstances, venir plusieurs fois de suite au théâtre, à l'occasion d'un opéra tout nouveau pour elle. De semblables façons n'ont assurément rien d'agréable pour ses camarades ni de favorable à la bonne interprétation d'une œuvre, mais le succès a des tyrannies auxquelles on échappe difficilement.

Un détail qu'il ne faut pas omettre c'est le grand luxe de costumes déployé par mademoiselle Patti, et son peu de souci de la tradition. Choisissant pour son costumier le tailleur de la «fashion», elle a laissé toute liberté à M. Worth. Et l'on sait si le nouveau Supplis donne pleine carrière à son imagination vagabonde! La chanteuse à la mode ne pouvait prendre que le fournisseur de nos élégantes, et cette communauté de goût n'a pas été sans influence sur l'attraction qu'elle exerce sur le public des salons.

Enfin, une chose à noter, c'est que mademoiselle Patti n'écrit à personne; du moins je n'ai jamais entendu dire qu'aucun de ses critiques ait reçu le moindre mot d'elle. Le petit billet que je donne ici est l'un des très-rares autographes de la *diva*.

III

Tant de soins ne devaient point demeurer stériles ; et, contrairement à la loi commune, le petit prodige n'était point destiné à disparaître. Le 24 novembre 1859, l'aurore d'une brillante carrière se levait pour Adelina Patti. Le soir même, elle débutait au théâtre italien de New-York dans *Lucia*. Elle avait alors seize ans.

Le passé de la débutante, déjà si extraordinaire, son âge si tendre, l'incrédulité des uns, la grande confiance des autres, donnaient à ce début un attrait tout particulier et excitaient vivement la curiosité publique.

On rapporte que le succès de la jeune fille fut très-grand, et qu'il se continua pendant toute la durée de son engagement.

Ces deux années écoulées, elle s'embarqua pour le continent européen, accompagnée d'une étoile fidèle que les brouillards de l'Angleterre ne devaient point voiler.

En effet, le 14 mai 1861, Adelina paraissait sur la scène de Covent-Garden dans la *Sonnambula*, et les Anglais ne se montraient pas moins enthousiastes pour elle que leurs frères d'outre-mer.

La réputation habilement préparée et si bien justifiée d'ailleurs de la nouvelle cantatrice se répandit bientôt aux quatre coins de l'Europe. Toutes les capitales se la disputèrent à prix d'or. Madrid, Florence, Turin et Vienne la possédèrent avant son arrivée à Paris. Partout l'engouement fut le même.

La fortune de la fille du ténor Patti et de la Barilli commençait. Le petit prodige, qu'au temps de l'adversité on avait dû produire jusque chez les sauvages de l'Amérique, était devenu femme, et, en outre, l'artiste le plus en renom de son temps. Il ne lui manquait que les palmes parisiennes.

Le 17 novembre 1862, dans cette même *Sonnambula* déjà choisie pour ses débuts à Londres, la Patti cueillait à Paris les premières feuilles de cette couronne de laurier que les habitués du théâtre Ventadour ne se lassent point de lui tresser. Demandez plutôt à l'un de nos jeunes poëtes, M. Charles Coligny, qui chante ainsi la *gentile donna* dans un sonnet récent :

> Es-tu le rossignol, la rose, l'harmonie,
> Jeune divinité du ciel italien?
> Es-tu l'amour, l'esprit, le charme, le génie,
> Étoile aux éclairs d'or de l'art cécilien?
>
> O diva radieuse! ô musique infinie!
> Tu nous suspends à toi d'un céleste lien.
> Tu portes dans ton cil le pleur d'Iphigénie,
> La gaieté de Ninon et l'éclat de Tallien.
>
> Chante, ô ma Lucia; chante, ô belle Adeline!
> Tressaille sous ton lys et sous ta mandoline,
> Respire dans ta pourpre et dans ta floraison.
>
> O brune Adelina! Comme Vénus la blonde
> De la pointe du pied boit l'écume de l'onde,
> Tu sembles une fleur qui boit une chanson.

IV

Le moment était heureusement choisi pour paraître devant le public parisien, déjà un peu lassé, l'ingrat, de ce magnifique contralto dont on n'a pas depuis retrouvé le pendant, et qui se nommait Alboni; de Mario, que le Théâtre-Italien venait de recueillir après une tentative malheureuse sur la scène de l'Opéra, dans le rôle de Raoul des *Huguenots;* de la Frezzolini enfin, de cette admirable artiste, de cette gloire contemporaine dont les derniers rayons se cachent aujourd'hui derrière les Alpes.

Si j'excepte mademoiselle Battu, qui s'essayait à peine alors, Naudin et Gardoni, qu'une jeunesse un peu froide n'abandonne pas, la Patti ne trouvait, à ses débuts, qu'une génération d'artistes sur le point de disparaître. La seule cantatrice qui aurait pu lui barrer la route, lui disputer le cœur d'Almaviva et de bien d'autres amoureux encore, était morte dans le pays des neiges et des glaces. La divine Bosio, l'une des dernières chanteuses de l'école rossinienne, venait, à l'âge de trente-deux ans, de succomber victime de son dévouement aux pauvres de Moscou.

> Qu'as-tu fait pour mourir, ô noble créature!
> Belle image de Dieu, qui donnais en chemin
> Au riche un peu de joie, au malheureux du pain?

Pauvre et adorable femme, je me souviens encore, comme si c'était hier, non pas seulement de tes accents enchanteurs, de tes beaux grands yeux noirs, de ta taille accomplie, telle que je la vois, là, dans le costume de Mathilde de Sabran, — ces souvenirs sont ineffaçables, — mais de ton dernier passage à Paris. Tu portais une robe noire, que bientôt après il fallut changer en un linceul. Que d'appréhensions, que de secrets et funestes pressentiments m'assaillirent alors!

Mais quittons ces tristesses et suivons Almaviva sous le balcon de Rosine. Attirée par la sérénade enchanteresse, elle va bientôt paraître à sa fenêtre. C'est là aussi, sous la basquine et la jupe espagnoles, que mademoiselle Patti a frappé M. Morse, et c'est ainsi qu'il nous la représente dans cette gravure si fine, si intelligente, si ferme et si douce tout à la fois, où la ressemblance parfaite s'allie à l'art le plus exquis.

Avec notre nouvelle Rosine, nous n'avons vraiment nulle peine à nous croire en Espagne. Ses yeux noirs d'Andalouse s'entendent à merveille à lancer l'œillade amoureuse, courant du tuteur à l'amant; ses cheveux brillants ont le reflet bleu de l'aile des corbeaux voletant autour du clocher de Tolède; ses joues conservent le teint chaud que donne le soleil castillan. La Patti est donc la vraie Rosine du maître de Pesaro, et j'ai peine à croire qu'au point de vue du caractère, ce rôle ait jamais été mieux interprété que par elle. J'y vois, en effet, de la gaieté, une gaieté folle, de la galanterie, de la coquetterie, mais point d'émotion, pas d'amour pathétique dans ce rôle de Rosine. A peine a-t-elle commencé la cavatine :

Una voce poco fa,

qu'on juge son caractère plus entreprenant que tendre. Aucune mélancolie, aucune timidité dans ces paroles de Rosine à Figaro :

Dunque io son.... tu non m'inganni?

Et elle s'empresse d'ajouter :

Lo sapea prima di te.

Pas la moindre pudeur chez cette jeune fille, qu'on prendrait plutôt pour une grande coquette heureuse de son nouveau triomphe. Aussi est-ce par des roulades sur cette phrase :

Di sorpresa, di contento
Son vicina a delirar,

qu'elle nous fait part de son bonheur d'épouser Almaviva.

De même que le musicien redoute avant tout d'ennuyer, Rosine, préoccupée surtout d'amuser les spectateurs, ne songe nullement à les émouvoir. N'ayant point de tendresse dans le cœur, elle fait parade d'esprit, d'originalité et de malice, et répond au *sol due righe* de Figaro :

Un biglietto, ecco lo quà.

Il y a un peu plus de contentement intérieur dans ces mots :

Fortunati i affetti miei,

mais c'est encore là, ce me semble, la joie vive et légère d'une femme de trente ans, habituée au succès. La *diva* est donc là dans son élément.

Dans la leçon de musique, mademoiselle Patti a chanté alternativement, depuis six ans, une valse de M. Strakosch, prétexte à difficultés vaincues, deux romances de madame de Rothschild, dont la plus jolie, *Si vous n'avez rien à me dire*, a été fort goûtée l'hiver de son apparition, et valut à son interprète les plus belles fleurs des serres de Boulogne et de Ferrières.

Elle nous a aussi fait part de l'une de ses compositions, un soir de représentation « à bénéfice ». Ce *Baiser d'adieu*, composé sur des paroles de lord Byron, rappelle les *lieder* saxons. Un souffle de la Germanie avait, ce jour-là, entr'ouvert les rideaux de la *diva*. La chose est rare.

En 1867, pour faire sa cour à notre illustre et cher maître Auber, très-affolé de Rosine, très-assidu à l'orchestre des Italiens, mademoiselle Patti chantait *l'Éclat de rire*, une romance de *Manon Lescaut*, à laquelle le maître ajouta, pour la circonstance, un *andantino*.

Enfin, cette année, elle nous a rendu, après le boléro des *Vêpres siciliennes*, après un boléro de madame Tarbé des Sablons, la *Calesera*, air castillan dans lequel les intonations les plus étranges ravissent les spectateurs. L'Espagnole et les castagnettes se trouvent là fort à leur place. C'est de la couleur locale. Mais pourquoi donc mademoiselle Patti ne chante-t-elle jamais une cabalette de maître dans cette leçon de musique, qu'on lui reproche justement de varier trop peu ?

On accuse notre Rosine de surcharger encore cette adorable partition du *Barbier*, et surtout de modifier les mille arabesques que le maître y a semées à profusion. C'est là, il est vrai, un péché très-habituel chez elle; mais arrêtez donc la fantaisie chez la plus fantaisiste des chanteuses ! Autant vaudrait vouloir empêcher l'oiseau de voltiger de branche en branche. Puis il existe à ces changements une raison valable, c'est que le rôle de Rosine est écrit pour contralto. Il en résulte que les soprano qui l'abordent, et la chose est tentante, sont forcés d'en accommoder les traits à leur voix.

Si notre rossignol métamorphosé en femme se contentait de prendre la volée lorsqu'il se trouve dans le domaine de l'opéra-bouffe, je l'en excuserais, pour ma part, bien volontiers, comme je lui pardonne ses espiègleries dans le *Barbier*, dans *Don Pasquale*, dans *Crispino e la Comare*. Mais, hélas! nous verrons tout à l'heure qu'en entrant dans un temple d'où la Folie devrait être bannie, elle y a cependant fait entendre ses grelots.

Ce pauvre Scudo s'écriait, en 1863, après une représentation du *Barbier* où mademoiselle Patti avait tiré ses mille fusées devant un public ébahi : « En a-t-elle fait de ces sauts périlleux! s'en est-elle donné à cœur-joie de ces fantaisies vocales d'un goût équivoque, au point de gâter la pensée de Rossini! Cette séduisante sirène a ébloui M. Mario de l'éclat de ses *strillate*, elle l'a étourdi du bruit de ses castagnettes. Aussi n'est-il plus question ni de M. Mario ni de personne ; on ne parle plus que d'Adelina Patti, de ses grâces, de sa jeunesse, de sa belle voix, de son instinct merveilleux, de sa bravoure et de ses petites mines d'enfant gâté, qui fera bien de consulter de bons juges si elle veut atteindre le but élevé de son art. Qu'elle se garde surtout des éloges monstrueux que peuvent lui adresser des écrivains sans crédit et sans consistance : ce sont de vrais empoisonneurs du goût et de la morale publique. On doit s'honorer de mériter leurs injures, et ne craindre que leur approbation. Mademoiselle Patti est une artiste trop bien douée pour ne pas savoir discerner, au milieu de la foule confuse qui l'acclame, l'esprit équitable et modéré qui ne met rien au-dessus de la vérité, et qui la dira toujours sans qu'on parvienne à intimider son courage. »

On sait aujourd'hui ce qui s'est réalisé des craintes et des espérances d'un critique enlevé trop tôt à la presse française!

V

Je ne prétends pas suivre notre *prima donna* depuis son début jusqu'à ce jour; il me semble préférable de l'étudier dans le répertoire très-varié où elle se montre, sans tenir absolument compte de l'ordre chronologique.

Mais avant d'aller plus loin, il est nécessaire de dire quelle est au juste la voix de mademoiselle Patti, et de caractériser sa manière de chanter.

Sa voix est un soprano *sfogato* d'une étendue exceptionnelle, allant du *si* en bas jusqu'au *fa* suraigu. Il n'est rien de plus doux, de plus frais, de plus suave et en même temps de plus éclatant que cette voix, aussi pure que l'eau de la plus claire fontaine. Chez elle, la note est toujours pleine, ronde et juste, à moins qu'elle ne veuille lui donner plus de force que la voix n'en possède naturellement. Le timbre, un vrai cristal de roche, est la qualité maîtresse de cette voix, à laquelle la cantatrice doit la majeure partie de son succès.

Cette voix est, en outre, douée d'une agilité naturelle qui lui permet d'aborder hardiment et sans effort les vocalises les plus audacieuses, doubles gammes diatoniques et chromatiques, arpéges de toute nature, notes piquées, sauts périlleux, trille qui scintille comme la luciole dans la nuit. Cependant, certaines parties de la vocalisation lui sont plus ou moins familières. C'est ainsi que la gamme ascendante se fait plus facilement que la gamme descendante. Elle affectionne particulièrement « les points d'orgue à distance » et à intonations difficiles, presque toujours couronnés de ce trille brillant avec lequel nulle chanteuse vivante ne saurait lutter.

La Patti vocalise d'instinct, si j'ose m'exprimer de la sorte; aussi ne peut-on la rattacher à aucune école. Sa vocalisation est généralement brusque, emportée, violente; elle n'a point ce *sempre legato e portando la voce* de l'ancienne école italienne que personnifiait naguère la Bosio, et dont l'Alboni et M. et madame Tiberini nous offrent encore de trop rares exemples. Le fini, le poli, qui, en fin de compte, donnent le charme, se rencontrent rarement dans les mille traits dont la virtuose surcharge son chant. Elle aime surtout à étonner par ses audaces, et elle y réussit mieux qu'à émouvoir. C'est un rossignol, mais un rossignol en colère. Parmi les ornements qu'elle prodigue indistinctement dans les situations les plus différentes, il faut citer les *staccati*, ou notes piquées, empruntées à madame Anna de la Grange, sa devancière. Il n'est guère d'opéras, même parmi les plus sombres, où l'on ne retrouve, avec la Patti, ces éternelles et agaçantes « cocottes » à l'aide desquelles les chanteuses sans talent arrachent à un public sans goût et sans éducation musicale des applaudissements de mauvais aloi. J'ajoute que madame de la Grange se gardait bien d'affubler de cet ornement toute musique sévère.

Mademoiselle Patti a le privilége d'une santé que rien n'altère. Elle a donné cette année quatre-vingts représentations et joué vingt opéras, et c'est à peine si on a dû, pour elle, changer deux fois le programme du spectacle. En revanche, elle ne se fait point faute de « couper » dans les opéras qu'elle interprète tout air qui n'a pas le don de lui plaire ou qui la fatiguerait sans ajouter beaucoup à son succès. En sa qualité de virtuose, elle n'a aucun respect pour les maîtres. Cette *desinvoltura,* ce manque de respect pour la pensée des compositeurs serait-elle la cause de leur silence? Aucun musicien n'a encore écrit pour elle, et s'il s'en est trouvé un, la petite despote de la scène italienne, à Paris, l'a poliment éconduit.

La *diva* joue comme elle chante, le sourire sur les lèvres, avec feu, avec entrain, avec une ardeur toute juvénile qui saisit l'auditeur et l'éblouit. Elle va, vient, souriant aux jeunes Américaines de l'avant-scène qui tout à l'heure vont lui jeter un, deux, trois, quatre bouquets, après ses *slanci* sur les notes les plus élevées de l'échelle, passe la revue de ses habitués, de ses fanatiques, de ses amoureux de l'orchestre, fait une petite moue à Figaro, pince le bras de don Pasquale, se livre enfin à toutes les espiègleries d'une enfant gâtée. Sur la scène, elle ne marche pas, elle frétille; elle ne court pas, elle sautille.

Cela dit, on comprend qu'elle soit plus à son aise dans la musique légère que dans les opéras de *mezzo carattere,* où elle moissonne cependant bien des lauriers, adressés plutôt alors à sa délicieuse voix qu'à son jeu.

L'artiste a une personnalité si accentuée, qu'elle parvient rarement à personnifier Lucia, Linda, Zerlina; elle reste toujours mademoiselle Patti. On s'étonne toutefois qu'avec ses audaces vocales l'actrice ne varie pas davantage ses effets, ses inflexions de voix, ses gestes, ses minauderies. Tout cela est stéréotypé; et il n'est pas un abonné du Théâtre-Italien qui ne puisse, par exemple, annoncer à son voisin le petit mouvement de tête, le ton saccadé du *ma* de la cavatine de Rosine, ou le cri d'oiseau par lequel Amina termine un morceau pathétique, ou la volte-face de la *traviata* sur le trille final de l'air du troisième acte. Cependant la Patti sait trouver parfois l'accent juste, par exemple, dans la cavatine *Di piacer mi balza il cor*, de la *Gazza ladra*, dans l'air de folie de la *Lucia*, qu'elle chante avec une perfection rare. Je ne parle pas seulement de l'*allegro* où l'infortunée Lucie lutte avec avantage contre la flûte de l'orchestre, ce sont là de ces tours de force où la virtuose triomphe sans peine, mais bien de l'*andante*.

Depuis deux ans, la pensionnaire de Ventadour apporte, il est vrai, plus de soin dans l'interprétation de ses rôles, dans son jeu. Elle songe davantage qu'elle n'est pas seulement une chanteuse de concert, mais bien une actrice, chargée de représenter un caractère, une situation, un personnage. A son arrivée ici, elle négligeait tout à fait le côté simple de ses rôles pour ne penser qu'à l'effet des parties où sa fantaisie pouvait se donner plus facilement carrière. Aussi ne réussit-elle que médiocrement, alors, dans la *Lucia*, près des gens de goût. Elle rappelait dans l'air de la folie une cantatrice fameuse du dix-huitième siècle, la Gabrielli, élève de Porpora et de Métastase, qui, au dire d'un chroniqueur, faisait de sa voix un flageolet défiant tous les instruments, et les surpassait par la façon dont elle rendait certains passages difficiles et bizarres. Aujourd'hui, la Patti soigne les *andante*, et réussit à procurer le plus vif plaisir aux amants du simple.

Un soir que je la félicitais pendant un entr'acte de la *Lucia*, elle me répondit : « Ce n'est guère que pour vous que j'ai chanté l'*adagio* de l'air ; aussi j'espère que vous me passerez mes « cocottes » dans l'*allegro*, où le public se pâme toujours de joie. Il m'aime tant, mon public, qu'il faut bien que je fasse quelque chose pour lui ! »

Cet aveu, dans la bouche de la *diva*, me prouve, du moins, que lorsqu'elle pèche contre le goût, c'est avec connaissance de cause. Aussi se prend-on à regretter qu'elle ne trouve pas dans son immense succès la force de résister aux entraînements funestes qui, tout en lui procurant la vogue, l'empêchent d'atteindre les hauts sommets de l'art pur.

Bien que mademoiselle Patti se préoccupe davantage des « ensembles », auxquels elle négligeait jadis de prendre part, ce n'est jamais dans ces morceaux que sa voix produit de l'effet. Dans le finale du second acte de la *Lucia*, par exemple, la plus belle page de l'œuvre, l'amante d'Edgardo n'émeut pas l'auditoire. Ce n'est pas seulement parce que la cantatrice se ménage pour son grand air, à l'exemple de presque tous les virtuoses italiens, c'est parce que sa voix, cependant si bien timbrée, ne « porte » pas dans les « ensembles ». Elle s'y affaiblit, comme le chant de l'oiseau dans la tempête.

En somme, le rôle de Lucie est, dans le genre, l'un des meilleurs de la Patti. J'en dirai autant de ceux de la *Sonnambula*, de *Linda*, de *Marta*, où l'amour reste dans les douces teintes de la tendresse, sans aller jusqu'à la passion. Cependant le souvenir de la Frezzolini m'empêche toujours de l'applaudir dans le fameux duo de *Linda : A consolarmi affrettati*. La sublime artiste ravissait encore à sa dernière heure ceux qui l'écoutaient chanter ce duo avec M. Naudin, un soir de 1866, qu'on faisait de la musique chez le ténor italien, alors pensionnaire de l'Opéra.

Dans la *Traviata*, dont elle dit avec un entrain, avec un brio incomparables le *brindisi*, la Patti sait mettre un sentiment qui n'a été exprimé de la même façon par aucune des cantatrices qui ont essayé de le rendre.

Ce n'est certes pas une inspiration bien élevée que celle qui a porté M. Verdi à nous inviter à un souper chez une femme galante et à faire chanter une poitrinaire ; mais encore, et indépendamment de la conception première, fallait-il rencontrer l'interprète de l'idée. La Piccolomini, qu'on pourrait comparer à la Patti sous certains rapports, m'était restée dans la mémoire comme une Violetta très-parfumée et très-réalisée. Mais la Violetta d'aujourd'hui l'emporte sur presque tous les points. Par plus d'un côté, elle rappelle Adèle Page dans *la Dame aux camélias*. M. Verdi a trouvé dans la scène du bal une phrase magnifique ; mais peut-être l'ex - Marguerite Gauthier, du Vaudeville, dirait-elle avec plus d'accent les mots : *Pietà, gran Dio, di me,* si, comme Violetta, elle venait à les chanter. A l'agonie, mademoiselle Patti réussit à se composer un nouveau visage ; elle fait illusion, et le cas n'est pas fréquent.

Que n'en est-il ainsi dans *I Puritani !* Voici ce que j'écrivais à ce sujet le 14 mars 1866 : « Mademoiselle Patti, j'ai le regret de le dire, s'est montrée dans le personnage d'Elvira ce qu'elle est dans presque tous les rôles qu'elle aborde ; je ne l'ai trouvée ni supérieure ni inférieure à ce que j'attendais d'elle. Quant au public, j'oserai dire la vérité, il comptait sur quelque chose de plus. Il espérait davantage de la jeunesse de la *diva*, jeunesse indispensable pour rendre la physionomie candide et sentimentale d'une jeune fille qui, en perdant son amant, perd aussi la raison, et ne la retrouve qu'en revoyant l'objet de sa flamme. Aussi mademoiselle Patti n'a-t-elle guère obtenu qu'un demi-succès. La célèbre *polacca* du voile n'a pas même été bissée.

« Les « cocottes » qu'elle a introduites dans cette « polonaise », redemandée jusqu'ici à toutes les cantatrices, ont paru au public tellement en dehors du caractère de la fraîche et naïve mélodie du maître, que les admirateurs quand même de la *diva* n'ont pas eu le temps de se remettre de leur étonnement, ni le courage de braver l'effet général. »

Tous les feuilletons étaient au même diapason. Voici celui du critique musical de *l'Opinion nationale*, que je retrouve par hasard au moment où j'écris ces pages :

« O vous, jeune, charmante, attrayante, éblouissante, enlaçante, gracieuse, merveilleuse, prestigieuse, prodigieuse, incomparable, inimaginable, adorable, transcendentale, féerique et divine Adelina Patti, diamant, perle, rubis, améthyste, topaze et escarboucle de l'art actuel du chant, Californie des directions, soleil des affiches, point d'attraction de toutes les fleurs des jardins et de toutes celles de la rhétorique, de tous les bravos et de toutes les louanges, de toutes les ovations et de tous les enthousiasmes, déesse de la vogue et des recettes fabuleuses, dites, dites-nous si, par miracle, vous daignez un instant condescendre à causer avec le plus humble et le plus infime des dilettantes et des critiques, pourquoi, dans le beau rôle d'Elvira d'*I Puritani*, vous n'avez pu provoquer, jeudi dernier, un seul *bis?*

» C'est que vous avez pris ce rôle en virtuose et non en actrice, tandis qu'il exige à la fois et une virtuose et une actrice, une actrice surtout, capable d'exprimer et la joie candide et la douleur poignante de la jeune fille, qui joue d'abord avec sa parure de mariage, et tombe dans le plus profond désespoir lorsque son fiancé disparaît; et que votre virtuosité même n'est pas irréprochable : on y désirerait plus de pureté, de grâce et de goût, et un plus grand respect sinon de la note écrite, au moins du caractère et du style des cantilènes. »

Nous voilà bien loin, on le voit, de l'engouement des premiers jours, mais l'histoire est inexorable, et son devoir est de rester l'écho fidèle de l'opinion.

Et maintenant quelques mots de l'interprétation du rôle de Zerline par mademoiselle Patti.

Pourquoi donc ne tient-elle pas dans ce rôle les promesses qu'on serait en droit d'attendre de sa mignonne personne? C'est que, comme le disait Scudo en 1863, « elle ignore les nuances du sentiment et la différence des styles et des genres; c'est qu'elle chante la musique de Bellini comme celle de Donizetti. Elle est dans le rôle de Norina ce qu'elle est dans celui de Rosine, une charmante et capricieuse Bohémienne qui fait des tours de gosier merveilleux et qui se moque parfaitement du qu'en dira-t-on. Si vous saviez tout l'esprit, toutes les petites malices que mademoiselle Patti prête à Zerlina, cette *paesanella* qui se laisse éblouir un instant par un rayon de l'amour idéal! Non, non, ce n'est plus là le rêve de Mozart, ce n'est plus Zerlina, c'est une camériste accorte, qui écoute avec plaisir les propos galants de monseigneur, et qui ne serait pas fâchée de planter là son fiancé Masetto. »

C'est qu'en effet, dirai-je aussi, la *diva* est si enchantée de son propre ramage, qu'elle ne songe plus au caractère qu'elle représente. Mais, si enfant gâté que l'on soit, il ne faut cependant pas toujours avoir l'air de chasser aux papillons et de courir l'école buissonnière à travers la musique de Mozart!

Mademoiselle Patti ne saisit pas, par exemple, les deux sentiments qui doivent agiter le cœur de Zerline lorsqu'elle revient près de son fiancé. La première partie toute langoureuse de l'*andantino,*

Batti, batti, o bel Masetto!

n'est pas dite avec assez de tendresse soumise; et la seconde, d'un mouvement plus vif, demanderait à être chantée prestement.

Un dilettante, fort de ses admirateurs cependant, écrivait l'autre jour, dans un journal de *sport,* qu'il avait vu Zerline rire dans la grande scène finale du second acte. Je le crois sans peine, bien que je ne l'aie pas vu. Le rire ne sied-il pas à ses lèvres roses, que plisse rarement la tristesse? Mais ce que j'ai remarqué, c'est qu'elle ne revient jamais éperdue de la coulisse, où un moment elle a couru le risque de céder aux ivresses promises par don Juan. « De trouble, d'effarement, d'épouvante, et plus tard de colère et de menaces, il n'en est point question. Même histoire pour le sublime sextuor, qu'elle dit en se jouant comme une jeune personne toute heureuse et des applaudissements et des bouquets dont le public idolâtre vient de lui faire honneur à propos de *Vedrai, carino.* » C'est M. Blaze de Bury qui l'a dit.

Mademoiselle Patti oublie complétement, dans ce rôle, qu'elle n'est qu'une simple paysanne, à laquelle la simplicité est commandée. Puis, pourquoi ne pas le dire, son char triomphal a toujours trouvé dans *Don Giovanni* un obstacle sérieux.

Autrefois, lorsque la Malibran, et d'autres encore, jouaient tantôt le personnage de donna Anna, tantôt celui de Zerlina, l'intérêt de la pièce se reportait sur le rôle qu'elles interprétaient. Avec la Patti, les choses ne vont point ainsi, le grand succès, l'enthousiasme n'est pas pour Zerlina, il est pour donna Anna, représentée dans ces dernières années par la Frezzolini, par la Penco, et enfin par mademoiselle Krauss.

VI

Nous voici arrivés à la dernière étape d'une course vagabonde à travers la plus brillante des carrières artistiques de l'époque impériale. Si le voyage n'a pas été assez gai au gré du lecteur, il ne peut s'en prendre qu'à l'écrivain; car jamais, non, jamais, image plus riante, ramage plus étourdissant n'accompagna le voyageur. Quelle belle occasion j'ai perdue là de montrer un peu de gaieté française, à propos de cette petite *pellegrina* dont la tente s'est déployée en plein Paris! C'est qu'il n'est pas donné à tous d'endosser à chaque heure un habit différent. Le mien, un peu sombre pour la circonstance, aurait dû, j'en conviens, rester au vestiaire, ou disparaître sous quelque joyeux manteau vénitien. Au lieu de cela, j'ai gardé mon rigide habit noir, et je me suis mis à parler sérieusement, plutôt que de badiner avec la folle du logis. Chemin faisant, pendant que l'oiseau de la forêt gazouillait au dessus de ma tête, je voyageais dans le pays de l'idéal, songeant à mes dieux absents.

Mais tout à coup le cor d'Hernani, me ramenant à la réalité, m'a rappelé ma promesse. Il faut que la tâche commencée s'achève.

Ce n'était pas assez, paraît-il, pour mademoiselle Patti de chanter à Paris : *Il Barbiere, la Gazza ladra, la Sonnambula, I Puritani, Lucia, Linda, l'Elisir d'amore, Don Pasquale, la Traviata, Marta, Don Desiderio, Crispino e la Comare, Don Giovanni*; et à Londres, *Faust, Roméo et Juliette, Moïse, l'Étoile du Nord, le Pardon de Ploërmel, la Fille du régiment*. Sa louable ambition était d'ajouter à la musique bouffe et à celle de demi-caractère le drame de Verdi. Elle s'était essayée au delà de la Manche dans *Semiramide* et dans *les Huguenots;* ici mademoiselle Patti s'est montrée cette année dans *Rigoletto*, dans *Ernani*, dans *il Trovatore* et dans *Giovanna d'Arco*.

De même que l'oiseau oublie son chant pendant l'orage, si la rafale vient à l'entraîner dans la haute mer, de même aussi l'interprète des sentiments doux ou joyeux devait se briser au choc de la grande passion ; et bien qu'il m'en coûte de raconter cet insuccès prévu d'avance par les hommes d'expérience et de sang-froid, je dois accomplir l'œuvre jusqu'au bout, avec toute l'indépendance que commande la critique.

Ce n'est pas toujours chose bien facile d'oublier et les gracieux sourires et les propos malins; et le mieux qu'un critique puisse faire, c'est assurément d'éviter les uns et les autres par une abstention constante, par un exil volontaire loin des plus riantes oasis. Mais lorsque l'on vit de la vie des artistes, et que précisément pour les bien connaître on se laisse entraîner dans leur société, le danger de les flatter aux dépens de la vérité grandit sans cesse. Combien le péril n'augmente-t-il pas lorsqu'on se trouve en présence de deux jolis yeux, de la jeunesse, du bonheur, du succès, de la gloire !

Donc, notre aventureuse Rosine, lasse sans doute de la mandoline et des sérénades d'Almaviva, a prêté l'oreille à la voix un peu rude du brigand Ernani. C'était entrer dans une voie funeste, dont le souvenir de *Rigoletto* eût dû l'éloigner.

Dans le rôle de Gilda, jeune fille enlevée au toit paternel par un prince libertin, il y avait du moins cette cavatine du second acte, hérissée de difficultés, que la virtuose enlevait avec l'incomparable entrain qui la caractérise. Et, bien qu'elle échouât dans le duo du troisième acte avec son père, où le sentiment dramatique ne la possédait pas suffisamment ; bien qu'elle fût obligée, pour simuler l'émotion du drame, de s'arracher les cheveux, ses beaux cheveux encore tout parfumés, la Patti pouvait, grâce à sa virtuosité, grâce aussi à l'admirable quatuor, toujours redemandé par une assistance enivrée, croire qu'elle pouvait affronter le drame. Mais les accents sauvages d'*Ernani*, comment ne les a-t-elle pas redoutés ?

La première cabalette :

Ernani !... Ernani, involami
All' abborrito amplesso !

et surtout l'*allegro* suivant :

> *Tutto sprezzo che d'Ernani*
> *Non favella a questo core,*

chanté avec beaucoup de brio, ont tout d'abord favorablement disposé le public en faveur de la nouvelle doña Sol, dont M. Verdi a fait une Elvira.

Dès le second duo avec don Carlos, mademoiselle Patti n'était plus dans la vérité du personnage. « Tout cœur cache un mystère », dit Elvira, puis elle écoute avec indifférence les propos d'amour de don Carlos. Fière, mais respectueuse, elle lui rappelle que le plus noble sang d'Aragon coule dans ses veines, et que l'éclat d'une couronne ne saurait imposer des lois à son cœur. Que fait alors l'actrice de Ventadour, peu familiarisée avec les nuances du sentiment dramatique? elle dépasse le but; elle répond avec le ton de la haine et du mépris : « Votre amour, sire, est pour moi un trop grand honneur ou une trop basse injure, » ton que ne justifient pas suffisamment les circonstances. Don Carlos est son roi ; elle ne doit pas l'oublier.

Dans le trio entre Elvira, Carlos et Ernani, mademoiselle Patti ne fait aucun effet, pas plus que dans le finale de ce second acte. En revanche, elle chante avec sentiment un duo d'amour avec Ernani :

> *O mia Elvira!*
> *O mio Ernani!*

Au troisième acte, le ravissant costume de velours et le toquet noir, si seyant au visage de la Patti, n'ont pu décider le succès. Elle s'est montrée tout à fait insuffisante notamment dans le trio où, frémissante et superbe, Elvire se dresse, le poignard à la main, entre Ruy Gomez et Ernani. Voilà ce que comprenaient surtout ceux qui, peu de jours auparavant, acclamaient mademoiselle Favart dans la pièce de Victor Hugo.

Mademoiselle Patti avait cependant donné tous ses soins à l'ouvrage; aussi a-t-on pu voir quelques jeux de scène bien observés dans le courant de la représentation. Mais la mobilité de ses impressions ne lui permet pas de suivre longtemps un caractère aussi opposé à sa nature. La chanteuse, dont la voix si sûre ne détonne jamais, a semblé défaillir sur le corps inanimé d'Ernani. N'était-ce pas là un avertissement dont il eût été prudent de tenir compte?

Hélas! la pente était trop forte, et l'artiste, encouragée par de maladroits amis, s'est laissée glisser jusqu'au bout. Après *Ernani* est venu *Il Trovatore*. Il est vraiment inutile d'entrer dans les détails de cette interprétation malheureuse, moins fâcheuse toutefois pour la réputation de l'artiste que le rôle de Jeanne d'Arc, dont mademoiselle Patti a eu l'imprudence de se charger. On se demande comment M. Strakosch, si confiant qu'il soit dans le charme qu'exerce sa belle-sœur sur le public, n'a pas songé qu'il y aurait à cette représentation de la *Giovanna d'Arco* de Verdi non-seulement cette réunion ordinaire des enrichis des deux mondes, non-seulement cette société exotique sans goût, toujours présente aux endroits où l'on peut étaler des diamants, mais encore la critique française, qui ne peut accepter l'héroïne de Vaucouleurs telle que l'ont comprise le librettiste italien et la chanteuse cosmopolite.

Je me demandais aussi, ce jour-là, en observant l'attitude de M. Strakosch, si son influence n'avait pas baissé dans ces derniers temps, et si son élève, mal inspirée ou mal conseillée, s'était en cette circonstance montrée bien docile aux avis d'un maître auquel elle doit tant?

En tout cas, la jeune émancipée n'a pas eu à se louer de son audace, et la chanteuse a sombré avec l'opéra qu'elle avait spécialement désigné à la direction comme un futur succès. Et voilà comment les thuriféraires sempiternels des « étoiles » nuisent aux réputations qu'ils prétendent servir!

Si notre jeune *prima donna* m'eût fait l'honneur de me consulter sur sa fantaisie dernière, je lui eusse répondu : Si grand, mademoiselle, que soit votre désir de jouer au soldat, en vous affublant d'un casque et d'une cuirasse, tout comme si vous aviez encore huit ans, je vous demande d'y renoncer. Votre situation est telle aujourd'hui qu'il s'agit bien plus pour vous de la conserver que de l'accroître encore. Gardez-vous donc de la compromettre! Mais la *diva* s'est bien gardée de consulter ses amis désintéressés; elle n'a écouté que son caprice et que ses adorateurs, ceux-ci lui répétant sans doute sur tous les tons que l'ouvrage était trop mauvais pour être sauvé d'une chute, fût-il soutenu par la Patti!

La critique fut unanime pour crier « casse-cou » à la jeune téméraire. « Prenez garde, prenez garde », disait « en hochant la tête » M. Jouvin. Mais mademoiselle Patti fait parade de ne jamais lire les journaux! Ce dédain lui réussit-il? Il est permis d'en douter.

Il faut donc avouer que mademoiselle Patti s'est trompée en essayant le cothurne de Melpomène. Ce n'est pas dans le drame lyrique qu'elle trouvera chaussure à son pied. Elle nous a montré que le rôle de Norine, dans *Don Pasquale*, celui d'Anetta, de *Crispino e la Comare*, convenaient surtout à son « mignon talent de Dugazon italienne », comme l'a dit le savant et fin critique de la *Revue des Deux-Mondes*. Le succès étourdissant de la jeune virtuose dans l'opéra des frères Ricci « coupe court à la discussion », écrivait-il, et répond aux exagérations de ceux qui nous la représentaient comme une Malibran en herbe. Jamais encore elle n'avait rencontré une pareille aubaine. Cette cordonnière délurée, un peu grivoise, qui vit le jour, je crois, dans un petit théâtre à Venise, et que la gentille mademoiselle Vitali nous fit accueillir tout d'abord avec des transports de joie, nous est apparue de nouveau en 1867 sous les traits de mademoiselle Patti. Ce fut une véritable fête, des trépignements et des bravos sans fin, lorsqu'on la vit dans le duo avec le *ciabattino*, relevant le coin de son tablier, chanter et pincer un rigodon! Qui eût trouvé à redire aux broderies multicolores dont la virtuose orna cette musique facile, agréable et pimpante d'une opérette à la Fioravanti? Personne; bien au contraire. Le plaisir resta sans mélange. La chanteuse fantaisiste est là dans son cadre le mieux approprié. Tout ce qu'elle ajoute d'agréments à la musique bouffe des frères Ricci doit lui être compté double par les auteurs et le public reconnaissants. Elle est là sur son véritable terrain, bondissant et courant à perdre haleine dans ce riant domaine, désormais le sien. « Qu'elle le veuille ou non, ce succès la classe, » a dit M. Blaze de Bury.

Non, la métamorphose qu'on nous avait promise ne pouvait s'opérer, parce que la nature même de l'artiste s'y oppose. Il y a en elle de l'afféterie, du maniérisme, de la gentillesse, de l'entrain, du brio, une voix limpide, une virtuosité innée. Ce qu'il n'y a pas, a dit le critique autorisé que je viens de citer, « c'est le souffle et l'accent supérieur, le goût de l'idéal, la grande intelligence, la grande âme et le grand style. »

Un musicien très-connu, esprit distingué, auquel j'avais communiqué les épreuves de ce travail, m'écrivait : « Vous êtes sévère, mais juste. Il faut cependant convenir d'une chose : c'est que la Patti fait vivre le Théâtre-Italien depuis quatre ans et qu'elle a rajeuni des œuvres qui peut-être mourront après elle. Si vous voulez mon opinion, la voici : un art sans idéal, une émotion à fleur de voix; mais une voix d'une étendue extraordinaire, d'une fraîcheur exquise, débordant de grâce et de *furia*, sans larmes, mais pleine de sourires. »

J'ajoute que l'ampleur dans le style, l'émotion dans le dire, la largeur dans le récitatif, la noblesse dans le maintien et dans la démarche, la flamme, la passion intérieure se reflétant sur un masque tragique, toutes ces qualités, indispensables dans le drame, manquent à la Patti. En convenir eût été de sa part une preuve de modestie et d'intelligence. De la mienne, ce n'est ni un blâme ni un reproche, c'est la constatation d'un fait avéré aujourd'hui.

La tristesse, la mélancolie, la douleur profonde, et moins encore les sentiments qui inspirent le drame, ne vont point au visage souriant et malin, au caractère pétulant et enfantin de la *diva*. Sa bouche au pli maniéré ne connaît point les sanglots, ni sa voix argentine l'accent de l'âme. Sa main, faite pour cueillir les fleurs dont un peuple enivré sème sa route, est inhabile à brandir le poignard.

Que mademoiselle Patti revienne donc à ses premières amours, qui sont aussi les nôtres, lorsque nous l'entendons; qu'elle se contente d'être la première des chanteuses légères, la fée aux perles du répertoire bouffe. Qu'elle renonce à sa dernière folie, celle de vouloir passer pour une tragédienne lyrique, se contentant de la folie de Linda ou de celle de Lucia. Jeunes et vieux sont prêts à redevenir fous de Rosine et de l'amante d'Edgard.

Mais, de grâce, plus de larmes! des fleurs, des fleurs, et encore des fleurs!

Un critique érudit, M. Gustave Bertrand, se faisant l'écho du dilettantisme, disait naguère encore :

« La Patti vous a souvent ébloui, mais quand vous a-t-elle ému? Vous a-t-elle jamais causé un trouble de cœur et mis une larme aux yeux, comme l'ont fait d'autres artistes moins étonnamment douées qu'elle? C'est qu'elles étaient femmes, et que notre jeune diva n'est qu'une fillette merveilleuse, une *ragazza* sans pareille. Elle peut dire comme la bohémienne :

Mon père était oiseau, ma mère était oiselle,

et se souvenir d'avoir gazouillé sur la branche, dans je ne sais quelle existence antérieure de fauvette ou de rossignol. »

Bien que je ne croie pas, pour les raisons déjà indiquées, à une transformation dans le talent de mademoiselle Patti, il serait cependant téméraire de dire à une cantatrice : Vous n'irez pas plus loin! On trouve en effet dans l'histoire de l'art des exemples frappants de ce que peuvent la persévérance, l'étude, et plus souvent encore les événements sur l'avenir des artistes. Qu'un cœur froid vienne à être touché, que l'amour, que la passion entre dans une âme insensible jusque-là, et on les verra s'ouvrir à une vie nouvelle. La puissance des grands sentiments est sans limites ; n'est-ce pas eux qui font les héros et les héroïnes?

Si donc un jour l'éclair sillonnait le ciel radieux de mademoiselle Patti, si le miroir d'une vie calme et quelque peu frivole reflétait des sentiments encore inconnus d'elle, qui peut affirmer que la femme n'en trouverait pas la juste expression?

En attendant cette heure, que je souhaite plus à l'artiste qu'à la femme, je veux terminer cette étude par une chanson. Il m'a semblé que les couplets suivants, adressés à mademoiselle Adeline, actrice du Théâtre-Italien en 1778, s'appliquaient à merveille à notre Adelina, et que je ne pouvais mieux faire que de redire avec le poëte anonyme du dix-huitième siècle :

>Qui parle d'un souris malin,
>De petits pieds, de taille fine,
>D'un air doux, quoique un peu mutin,
>Celui-là parle d'Adeline.
>En scène, en ville, ah! qu'elle est bien!
>Il faut l'aimer ou n'aimer rien.
>
>J'ignore encor si, tendre ou non,
>Elle sent bien ce qu'elle inspire;
>Je lui connais un œil fripon.
>Quant au cœur, je ne sais qu'en dire;
>Mais, tendre ou non, je sais fort bien
>Qu'il faut l'aimer ou n'aimer rien.

GUY DE CHARNACÉ.

PARIS. TYPOGRAPHIE DE HENRI PLON, RUE GARANCIÈRE, 8.

www.ingramcontent.com/pod-product-compliance
Lightning Source LLC
Chambersburg PA
CBHW060708050426
42451CB00010B/1338